喜有恥理

黃麗彰 著

喜有恥理

作者／黃麗彰
總編輯／馬鎮梅
責任編輯／伍詠慈
封面・美術設計／劉碧雲
內文插圖／鄺志傑
出版發行／突破出版社
香港沙田亞公角山路33號突破青年村
電話：2632 0000　傳真：2632 0388
電郵：breakthrough@breakthrough.org.hk
網址：http://www.breakthrough.org.hk
http://www.btproduct.com
承印／亨泰印刷有限公司
2010年5月初版1刷

Shame and Guilt
by Wong Lai-cheung
First Printing, First Edition, May 2010

ISBN 978-962-8996-86-5

承蒙 Tyndale House Foundation 贊助本書之製作及出版經費，謹此鳴謝。
Acknowledgement: The production cost of this book is sponsored by the Tyndale House Foundation.

誠邀閣下就突破出版社的書籍發表意見。
請登上 www.btproduct.com/book，在「讀者回應卡」頁面內填寫。謝謝。

歡迎加入突破書籍 Facebook — http://www.facebook.com/btbooks

本書採用環保油墨印刷

在情緒的錯覺中

走下陰沉的梯角

才得見那片寬闊之地

而成長就在那裏開始

feel

感覺•我

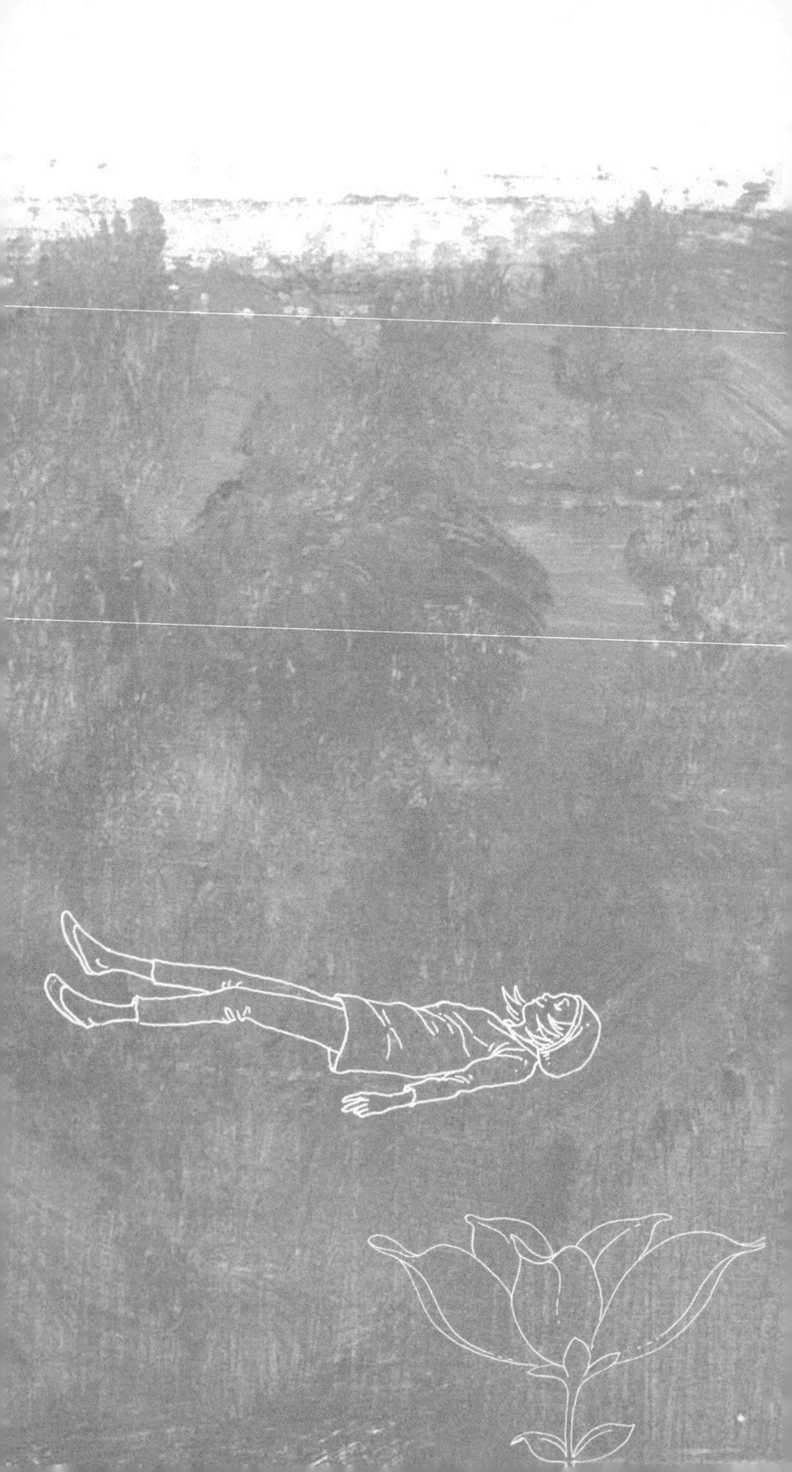

目錄

今次寫這篇序，是要向曾協助我構思這本書的年輕人致謝，有賴編輯詠慈的安排，一羣二十來歲的青年人向我述說他們經歷恥感的體會。羞愧的感覺實在令他們感到很難堪，難奈到想把自己收藏起來，逃避別人的眼光；然而亦是健康的恥感幫助他們誠實面對自己，痛定思痛，改過不當的行為。由此看來，恥感有好壞兩面，視乎我們如何面對。

本來很想一一介紹當日曾參與的年輕人的名字，但他們婉拒了。他們説，若我要向他們道謝，就稱他們為一羣年輕人吧！在此我想衷心多謝他們，多謝他們的參與、多謝他們坦誠的分享、多謝他們不望回報的奉獻。

這是一本介紹恥感、充滿生活實例的小書。當初答允鎮梅供稿，是有感中國人飽受恥感煎熬，眼見很多人被不健康的恥感障礙，未能誠實面對自己，實在太可惜。不能誠實面對自己，我們又怎可以健康成長？在物慾橫流的社會氛圍下，年輕人更加需要知道怎樣成長，做個有品格、知行合一的人，裝備自己面對時代的種種挑戰，承擔時代的任務。

誠實面對自己是成長的起步點。很可惜，現代社會講求形象和包裝，有時人為了保護形象，不惜自欺欺人。欺騙的話説多了，甚至連自己也不知道自己的本來面目，結果成為一個偽善、虛妄的人。君不見香港社會充斥着這樣的人嗎？很多位高權重的社會領袖缺乏人格，滿口謊言，為了維護自身利益，罔顧低下階層、弱小無助者的需要，不時還用種種藉口，打壓正義之聲，香港已經成為一處污煙瘴氣、小人當道的地方。

或許這是社會太着重成就、忽略培育人格的結果。幸好突破還有一顆關心年輕人成長的心，因此當鎮梅邀稿，縱然是雜務纏身，都答允了。只盼在協助年輕人成長的事工上，略盡綿力。坦白說，書中還有很多未盡善之處，懇請讀者見諒。最後一提，書中所舉的案例都經過修改，名字也是杜撰出來的，目的是保護當事人的私隱；然而透過他們的經歷，盼望我們都能從中學習。

1「恥」情「恥」境

「當我認為自己做了不當的事，便會感到羞愧、自我懷疑、情緒低落，甚至想把自己收藏起來，不想面對其他人。」

這是一羣青年人論及羞愧感時表達的心聲，這句話有沒有引起你的共鳴？你試過這種無地自容、想把自己收藏起來的感受嗎？其實羞愧感幾乎是人人共有的經驗，《聖經・創世記》記載，亞當與夏娃違反耶和華上帝的命令，當上帝尋找他們，他們看見自己赤身露體，便藏起來。就是這種羞愧的感覺，令人想躲起來，不敢面對別人的眼光；又或是想找個下台階，令自己感覺好過點。當我們做了一些不當的事情，擔心人家怎樣看自己，害怕在其他人心目中留下不良的印象時，羞愧便自然衍生。

從心理學的角度看，羞愧是一種「自我意識」的情緒（Self-conscious Emotions）：當一個人意識到別人對自己的看法和評價時，便會產生這種自我意識的感覺，除了羞愧，還有內疚、尷尬、驕傲等情緒。羞愧的英文是 shame，中文詞彙則有多種，包括羞愧、恥感、愧感、羞恥等等，這些字眼將在本書交替使用。

情緒是人類自出娘胎已經存在的經驗。當孩子還未懂得説話，就已經曉得表達情緒，他們會笑、會哭、會害怕。然而羞愧感是在孩子慢慢出現自我意識後才發展出來的感覺，大概在孩子十八個月到三歲的階段出現。若我們細心觀察，會發覺這個階段的孩童開始十分留意別人的讚賞與批評，一句讚賞的話會令他們樂上半天，一句批評的話卻可以令他們大鬧情緒。

既然羞愧的感覺源於別人對自己的評價，那麼羞愧感就是一種不可能離開人羣而出現的情緒。有別人存在才有恥感，沒有別人的眼光，便沒有羞愧。而我們的成長經驗，會影響我們在某些事情上容易出現恥感，有些事情卻不會。

羞愧 vs 內疚之民

人類學家研究不同社會文化對民族性格的影響，發現集體意識較強的中國社會有較強的恥感文化，至於個人意識較強的西方社會，他們較傾向內疚感文化。羞恥與內疚同屬自我意識的感覺，但兩者最大的差別在於羞恥感是針對自我的評價：究竟我是好是壞？是可愛還是討人厭？內疚感則是針對行為的反省：我做的是對是錯？比方說，當別人取笑我，認為我沒出色，甚至看不起我，羞恥的感覺便油然而生；相反，當我做了一件對不起別人的事，令人家受損，就有一份內疚感。羞恥的感覺令人覺得自己整個人有問題，內疚的感覺則讓人看見是自己的行為出現問題而已。羞恥與內疚也令人產生不同的反應，恥感令人想躲藏、想避開人們的目光，內疚則催逼人作出補償的行為，彌補自己的過犯。

中國人的集體意識很強，人與人之間的距離較西方社會接近，一方面人際交往頻繁，人情味較濃；但另方面，人與人的彼此評價所產生的影響也相對巨大，令我們更加介懷別人的目光。記得多年前，我曾經接觸過一對由內地移居香港的夫婦，他們在家鄉的生活挺不錯，雖不至大富大貴，但夫婦二人各有自己的專業，收入穩定，生活無憂。後來為了追求更優質的生活，毅然移居香港，但他們的專業資格得不到承認，在香港只能從事體力勞動的工作，賺到的工資僅夠餬口。貧賤夫妻百事哀，兩口子經常為金錢爭吵，家無寧日，當我問他們會否考慮返回家鄉時，他們斷然拒絕。理由很簡單，人要面子樹要皮，鄉間的人以為他們在港生活得很好，令人羨慕，若然因生活困難回鄉，哪有顏面面對鄉紳父老？想到那種無地自容的難堪，他們寧願在港「捱窮」。最荒謬的是，每次回鄉，他們必定大包小包，裝出一副衣錦還鄉的姿態，誓死都要保存面子。他們對顏面的重視，彷彿比自己的生命更甚。

恥感不單影響中國人的人際關係，亦影響父母怎樣培養下一代。心理學家告訴我們，製造恥感是控制別人的有效手段。中國人父母運用很多恥感元素來教導孩子聽教聽話，最常見的是父母當眾責備孩子的不是，令孩子感到羞愧，從而令孩子就範，達到管束的效果。我曾經在電視看過一個訪問節目，訪問一位孩子眾多的藝人，主持人請教這位藝人的育兒心得，如何令孩子聽話？這位藝人舉了一個她感到十分自豪的例子：有一次孩子默書不及格，為了讓孩子知錯，她竟然在孩子的臉上劃上一個「X」號，然後帶着孩子上街，當人家好奇地問孩子發生了什麼事時，她便如實宣告孩子的「罪狀」。這位藝人還得意洋洋地說，孩子得到教訓後，從此便努力溫習，不敢怠惰。我聽到這個例子，感到異常震驚，為何這位藝人母親不認為她做錯了，還信心滿滿地介紹她那套育兒方法？後來想深一層，在很多父母心目中，孩子聽教聽話比什麼都重要，令孩子羞愧，確實是相當有效的管束方法。怪不得很多父母仍然沿用這套，雖不至帶孩子當眾遊街，但在其他人面前議論孩子的不是，卻司空見慣。其實豈止父母，學校的老師也會用類似方法令頑皮的學生就範。我從前做過學校社工，親眼見過老師在全班同學面前羞辱學生，要他們在全班同學面前「罰企」，責備他們怎樣怎樣不中用、不成器；被責備的學生，連頭也抬不起。或許這樣可以收一時管束之效，卻種下很多後遺症，造成難以磨滅的心靈傷口。

羞愧感令人想收藏自己，不敢面對別人眼光，好讓自己感覺好過點。

2 恥感後遺症

雪貞是個很介懷別人眼光的女孩，因此她十分在意自己的形象，為要博取別人的讚賞，她經常樂於助人，保持開朗笑容，別人很喜歡她，故此她的人緣甚佳。對雪貞來說，她十分享受這種被愛戴的感覺，一切都甚美好，沒有什麼不妥。直至一天，她被公司無理解僱，令她大受打擊，心情極度低落，雖然雪貞口裏認定是公司的問題，但她羞於面對這個遭遇。她沒有告知別人自己難過的心情，怕別人覺得她自怨自艾，損害她堅強的形象，便會失去頭上的光環。她惟有埋藏自己的感受，人前繼續保持開朗，但當夜闌人靜，一股莫名的抑鬱情緒湧上心頭，難耐非常。雪貞開始覺得自己有問題，便尋求輔導。輔導員問她，為何她有這麼多朋友都不把心事分享出來？雪貞坦白承認很怕別人的閒言閒語，不想別人在她背後說長道短。輔導員再好奇地問她，為什麼認為別人會說她的閒話，而不是真誠地關心她，甚或說她的好話？雪貞當場無言以對，因為她並非由衷認為自己是那麼好，平時別人的讚賞，她認為不過是討好她的說話；壓根兒，她覺得自己未夠完美，不夠可愛，別人會暗地批評她，若有人知道她真實的一面，就不會喜歡她，甚至取笑她。

真假完美

恥感有健康和不健康兩種。不健康恥感的後遺症莫過於自我貶抑，貶抑不是來自別人的批評，乃是發自個人內心的自貶評價。縱使別人對自己寬容，自己卻不放過自己；無論怎樣努力做好，內心深處總覺得自己是個充滿瑕疵的人，不相信別人真的喜歡自己。為了贏取別人愛戴，必須保持漂亮可人的形象，不敢以真面目示人。

羞愧感強烈的人充滿這種莫名的自我厭棄感，故此容易出現行為主義、形式主義。即是一個人很努力做好自己，博取別人好感，務求做到別人無可指摘的地步。奇了，別人無可指摘不是很好嗎？我們在教會聽道，傳道人不是教我們在世上努力做好自己，他朝在天國，做個無可指摘的上帝僕人嗎？有時表面看來很相似的東西，內涵卻有天淵之別。我們必須問，把自己做好叫別人無可指摘，是某些行動的結果？還是為了追求別人的認同？

麗君與婉玲是一對要好的朋友，她們自小青梅竹馬，好像一對孿生姊妹。她們倆都是可人兒，做事盡責，積極投入教會活動。表面看來兩人有很多近似的地方，但氣質卻有根本性的差別：麗君是個很有愛心的女孩，天性善良純品，當她幫助別人的時候，往往出於一份由衷的關心，她的愛心也感染了周遭的人，別人對她的印象當然甚佳。相反，婉玲卻是個十分介懷自己形象的人，她要求自己做到最好，為求做到別人對她無可指摘的地步，她努力不懈，事事追求完美，因此當別人對她所做的事情不認同時，她便很容易感到受傷。

在我所認識的公眾人物中，前中文大學校長高錕教授便是個做事積極投入，對科學有熱切追求的人。他的成就有目共睹，然而這不是他做事的動機，他所獲得的成就及別人對他的讚譽，是他努力的後果，我相信縱使沒有這些，他仍然會對科學研究全情投入。相反，香港特首曾蔭權先生給人的感覺是十分在意自己的形象，同樣他做事也認真投入、對人對己都要求甚高，可惜他做事的動機令人懷疑，其中帶有很多自利成分，缺乏誠意。雖然口裏説視民望如浮雲，但人們都不相信他。他對自我形象的執著，追求的是別人對他有正面的評價，這是有目共睹的。

有些事情只可以是做人做事的結果，卻不可以成為追求的動機；別人的讚賞、做事做到無可指摘，甚至追求快樂都屬這類。當你愈追求，愈追不到。有時當這一切成為我們追求的動機，更會令我們變得盲目，陷入不能自拔的深淵。

蒙蔽的眼

除了行為主義、形式主義外，恥感也會令人產生很多自我保護的防衛機制，不能接受批評，甚至不能接受善意的提點。志強便是一個明顯的例子，他是個十分勤奮的人，大專畢業後任職工程師，閒時不斷努力進修。或許他給自己的壓力很大，雖然在專業上他略有成就，但在日常人際交往中，他卻有很多冒失的行為，女朋友不時給他氣壞了。其實女朋友不是向他追究什麼，當他經常遲到，又忘了承諾過的事，不過向他抱怨兩句；但志強的反應很大，他非但沒有誠懇致歉，還不住為自己辯解，有時甚至惡人先告狀，斥罵女朋友不夠體諒。女朋友受了冤屈，便難過起來，志強卻很不喜歡女朋友在爭吵時表現難過。當女朋友傷心流淚，他沒有體諒她的感受，反而覺得她在指控自己、透過眼淚斥責他的不是，他便默不作聲，沉默抗議。女朋友原本想得到安慰，結果不歡而散。

志強是恥感強烈的典型，一是他十分注重自己的形象，更甚者是他不能接受批評，他感覺自己已經很努力做到最好，為何別人還不滿？於是他極力為自己的錯誤辯解，務求得到別人的體諒；另一方面，他卻沒法感受到別人被他傷害了。由於志強過分敏感，縱使別人沒有意圖責難他、攻擊他，他卻先作出還擊別人的姿態，有如驚弓之鳥。志強本來是個聰明人，讀書有成，又是專業人士，以他的頭腦，怎會不明白女朋友受了傷害，想得到安慰？奈何恥感太強，蒙蔽他雙眼；他只知自己受委屈，卻未能適切回應女朋友傷心難過的心情。

恥感強烈的人壓根兒不相信自己可愛，因此追求外顯成就。有了成就、有了令人羨慕的銜頭，就像穿上一件美麗的外衣，遮蔽醜陋的身體。所以他們喜歡有意無意炫耀自己的成就，突顯自己的功勞。當然不是每個有成就的人都是恥感強烈的人，他們的分別在於追求的動機：這些成就源於想贏取讚賞還是努力追求志趣的結果？我們必須誠實面對自己，切勿自欺欺人。

雖然恥感強烈的人想努力做好自己、贏得讚賞，但他們卻很難享受勞碌得來的成果，就算得到成就，有如穿上了一件美麗的外衣，但這件外衣不屬於自己，感到格格不入。我認識一位朋友，他名成利就，還有什麼缺乏？但他總給人一種鬱鬱寡歡的感覺，好像從來不懂得享受閒暇，還未完成一項計劃，腦袋便思量下一個計劃和下一步打算。有時朋友取笑他，說他退休後定必患上抑鬱症，因為他整個人生意義都建立在工作上，希望用工作的成就為虛弱的自我打強心針。恥感強烈的人追逐完一個成就便追下個，永無止境，如夸父逐日，疲累不已。

3 恥感是這樣造成的

其實我們大部分人都曾經受過恥感的煎熬，當我們感到無地自容、不想面對其他人，又或當我們自愧不如人時，很大可能是恥感作祟。恥感有健康與不健康之分，這章我們要討論的是不健康的恥感，究竟它是怎樣發展出來的？它是否與生俱來？還是後天形成的？

姑勿論恥感是先天還是後天形成，恥感是普遍存在的人類情緒，遠至沒有現代足迹的巴布亞新畿內亞，近至現代化大城市如紐約倫敦，人們都有羞愧的感覺，不同的是彼此認為令人羞愧的地方不同，又或是產生羞愧的方法不同。

記得一次我往上海做訓練，與當地同工用膳，香港同工習慣儘量吃清桌上的食物，認為不浪費是一種美德。但在內地同工看來，這是「羞家」的行為，他們認為請客用膳應該大排筵席，最好每個賓客吃飽時，桌上還剩下許多食物，才夠得體和體面。在香港人看來是美德的行為，內地人卻看為羞恥。中國文化是個恥感極強的文化，且看看我們用什麼方法製造、鞏固和加強恥感，以達到社會操控的目的。

家庭恥感

恥感首個來源是我們的父母。在此我必須強調，父母養育的劬勞是偉大的，我們要感激父母的犧牲和無私的奉獻。不過即使多麼偉大的父母也難擺脱文化的枷鎖，他們教導子女的方法都承襲前人遺傳。很多時候，父母都盼望子女快高長大、健健康康、聽教聽話。我們聽慣了，習以為常，視之為真理。但當孩子真的唯命是從，這又代表什麼？是大人有能力操控？還是孩子已失去主見？為什麼孩子反駁大人的話時，代表他們頑皮？卻不代表他們有獨立思考？有時當我細心聽聽孩子怎樣反駁大人時，覺得很有趣。他們帶着好奇的眼光、未經污染的思維，反駁成年人的邏輯；只是大人缺乏耐性，沒有細味孩子的意思，為了有效率的管束，硬要孩子聽教聽話，甚至不惜用成年人的權威把孩子的聲音壓下去，要求孩子合作。更甚者，當孩子反叛時，父母更損害孩子的自尊，例如當眾羞辱他們、在別人面前數算孩子的不是、責備他們如廢物般無用等等，無所不用其極，務求令孩子就範。但父母可沒想到，這些方法傷害孩子的自尊，造成他們強烈的恥感。

父母另一種製造恥感的方法，是不自覺地拿孩子與別人比較，或許原意是想令孩子羞愧，激勵他們努力向上。有時這個方法是奏效的，孩子把其他人視為假想敵，努力想追過別人，但成功背後卻以孩子的自尊為代價，成功了又如何？為什麼很多所謂成功人士，無論有多大成就，也仍然自卑？甚至將自己的自卑投射，自己看不起自己，又誤以為別人也看不起自己，十分敏感別人的反應。歸根究底，豈非內心的恥感作祟？這份難奈的恥感，從自己不如別人的比較而來。其實在我們內心深處，都想父母以我們為傲，喜悅我們所做的事情，對我們所做的感興趣。這份願望，在年紀小的孩子身上最明顯。這些孩子常爭取父母的注意力，想父母讚賞他們的「成就」。父母由衷的欣賞所引發的成長動力，遠勝由比較而來的所謂「激勵」；前者帶來做事的意義，後者不過是填補不足的自尊、遮掩充滿羞愧的自我。

校園恥感

父母的培養方法固然影響深遠，學校的教育環境也不容忽視。一種製造恥感的妙法是令人當眾出醜。曾經聽聞一位老師懲罰不守規則的同學，就是把奶嘴放進同學的校服裏，待他上體育課時，奶嘴從校服掉出來，引來其他同學恥笑。

在學校，一如在家庭，也有把孩子互相比較的情況。有些老師將同校的兄弟姊妹作比較，對成績或表現未如理想的孩子說：「你不及你哥哥」、「幹嗎你的妹妹成績優異，你卻如此差勁！」被比下去的孩子不但心裏難受，甚至連頭也抬不起。想深一層，這些比較的情況比比皆是：學校的環境經常比賽，考試追求名次、分數不在講，甚至連消遣玩樂的興趣也要比較。以前孩子因興趣學琴、學書法、學打球，不是為了什麼獎牌名次，而是單純為了娛樂，享受過程中的樂趣，其樂無比。可是今日的社會，什麼都要競爭、比賽，但在眾多參賽者中，贏的少，輸的多。贏的人有很多簇擁者，掌聲不絕，那麼輸的人又怎辦？是否只能可憐兮兮，等人憐憫？不恰當的同情非但不能幫助失敗者，更會傷害他們的自尊，衍生羞愧。難怪沒有人想做失敗者，沒有人想得到那些令人感羞愧的同情。我們的教育系統變相成為製造失敗者、自卑者最有效的地方。

社羣恥感

另一種衍生羞愧的做法是製造排斥、搬弄是非。羣體裏各有不同的性格，本來我們需要有容人之量，接納異己的胸襟；但包容異己的學問卻是知易行難，尤其在中國人的社會，任何言行舉止另類的人，都易遭到排斥，苦不堪言。我從前曾輔導過一位名校畢業的年輕人，由於他天資聰敏，雖缺乏人際網絡，也能憑卓越的成績考進名校讀書。奈何他的家境十分清貧，所穿、所用的都與其他同學不同。他非但不能獲得同學的接納，更遭同學奚落與嘲諷，漸漸他自慚形穢，走起路來閃閃縮縮，頭也抬不起；他的表現進一步加強同學的排斥，嘲笑他是怪人，精神有問題。在校內始終沒有找到一個可以交心的同學，沒有獲得老師的垂青。當他見我時，已經變得神經兮兮，經常怕得罪我，怕令我不悅。他嘴裏最常說的一句話是「對不起」—— 他抱歉走路時騷擾了別人、怕說話未夠得體、怕穿戴太寒酸……看見他、聽罷他的故事，我的心非常難過，不禁要問，難道同學、老師當中連一個有同情心的人都沒有嗎？我想不會的，不過整個氛圍已經認定他是個有問題的人，同情他的人，只以可憐他的角度來接觸他；可憐卻使這位年輕人羞於自己所為，認定自己有問題，甚至相信自己是個怪人。

其實社羣中排斥異己的方法簡直無出其右。曾經有一對在教會團契十分要好的朋友，經常出雙入對，形影不離，可惜後來因性格不合鬧翻。雙方都不好過，其中一方以沉默來面對傷害，暫時離開了原本所屬的共同羣體；但另一方卻按捺不住所經歷的傷痛，不斷向人哭訴。但她哭訴的方法十分高明，她並非訴說對方的不是；相反，她表達自己仍怎樣關心對方，怎樣為對方着想，甚至用關懷的口吻分析對方有什麼成長性格的問題。故事就這樣開展下去：團契中的人認定離開的一方有問題，於是以關心問題人物的態度去關心她，結果她避而不見，大家就更認定她是個問題人物。既然她拒絕接觸，惟有在團契中為這位離開的姊妹代禱。這故事是否似曾相識？姑勿論團契中的人原本的想法怎樣，但他們沒有留意到自己也有份參與排斥那位姊妹，因為他們的「關心」、他們的「接觸」，已認定了是那位姊妹出問題，不知不覺間製造了姊妹的恥感。姊妹懷着羞愧，自然想把自己收藏得嚴密。其實人人都想獲得真心真意的關心，一種不含偏見、不作論斷，可以令人抬起頭來的關心。

每個人都有一些不想別人知道的脆弱位，例如曾經失敗的地方、某些無知的誤解，縱使不是什麼大是大非的問題，但就是不想別人知道，或是在眾人面前出洋相。可是一些人為了達到操控的目的，便會利用別人的脆弱位進行攻擊，更甚的是加上冷嘲熱諷的恥笑，踐踏別人的尊嚴；也有揭露人的瘡疤，使人無地自容。在工作場合也不乏這些伎倆，尤其上司對下屬施壓，部門與部門之間爭奪資源，都可能利用恥感達致操控的目的。

在我們的社會裏，製造恥感的地方無處不在，製造恥感的方法層出不窮，難怪大部分人都曾經受過不健康恥感的煎熬。

國家恥感

在國家層面，中國人製造恥感的伎倆不是登峰造極嗎？在中國的歷史中，要罪犯當眾遊街是司空見慣的刑罰；不說遠的，近代史中便有文革的荒唐現象，為了攻擊異己，扣帽子、遊街示眾，想得出的殘忍懲罰都做得出來，務求令受罰者無地自容。有些抵受不住這些殘酷對待的人惟有一死。極度的恥感足以令人自殺，可見恥感的殺傷力。

4 解構羞愧者的內心世界

究竟一個恥感極重的人內心世界是怎樣的？他們的人際關係又如何？他們的上帝觀又有什麼特點？

從外顯的行為看，恥感極重的人十分在意自己的形象，由於他們壓根兒覺得自己是個不可愛的人，必須努力贏取別人的歡心，獲得別人的尊重。但為什麼他們會這樣想？很大可能因為他們未曾經歷無條件的接納和愛護。

自我厭惡

很多孩子是在父母嚴苛的要求下成長的，孩子天性想獲得父母的愛寵，無奈父母只懂表達要求卻未懂表達愛護，令孩子誤以為父母的接納是有條件的。我們不否定父母對孩子的愛，當我年紀愈長，愈能體會父母養育的劬勞。很多父母都十分愛錫自己的孩子，卻怕他們未能成才，恨鐵不成鋼，於是只表達要求，不敢表達愛意。父母以為「要求」會令孩子長進，沒想到某種表達要求的方式會傷害他們。簡單來說，父母側重對孩子表達要求，令孩子以為自己未夠好，為博取父母歡心，孩子不斷努力，滿足父母的要求。但在孩子內心深處，覺得父母的愛是有條件的，一切得靠自己努力獲取，若不是靠好行為，自身並無價值。但孩子小小年紀又怎會懂得父母的心意？他們很可能誤解父母的意思；若然再加上父母未夠成熟，做出傷害孩子的行為，令孩子感到憤怒，甚至可能把父母視為仇人。然而孩子不能接納自己對父母的怒氣，尤其是在小時候，當孩子還需要父母時，就更難接納自己生父母的氣。他們對父母憤怒，但又需要父母，內心便產生矛盾，結果把對父母的憤怒投向自己，這種矛盾進一步加強恥感強烈的人的自我厭惡——一方面因他們未能滿足父母的期望，另方面他們把對父母的憤投向自己。

另外孩子某些先天性特徵，若不符合社會的標準，也會構成恥感：例如有些男孩子，身材矮小，別人會投以歧視的目光，令他們以為自己不及別人，因而自我厭惡。

換言之，恥感極重的人最難按捺的，是這份自我厭惡感。別人對自己的厭惡還可以透過種種方法逃避，但自己對自己的厭惡卻避無可避，內在的聲音無處不在，極具說服力。在一次年輕人分享他們經歷恥感的聚會中，一位與會者說：「羞愧對他最大的煎熬，是自己不斷審視自己所做的事，怕別人討厭自己，覺得自己麻煩。」其實客觀上未必真有人討厭他，乃是一把無處不在、隨時隨地都會出現的內在聲音在批評他，警告他是個不可愛的人。

反擊內在聲音

如何面對這把聲音？恥感強的人有幾種做法：

1. 努力工作，出人頭地

若一個人能夠以個人實力得到成就，就有值得欣賞的地方；但有些人卻不擇手段爭取成就，更有些人明知自己沒有這種實力，不惜鋌而走險。我曾經接觸過一些病態賭徒，他們傾家蕩產將一切押在賭桌上，表面看來是多麼不理性，但內心深處是一份渴求成就的慾望。他們自知沒有什麼能力可以名成利就，惟有靠這些虛無縹緲的運氣博一博。看來是愚蠢，但也是一種渴求成就的慾望。但十賭九輸，哪有成就可言？結果有些賭徒散盡家財，甚至負債纍纍，無顏面再見家人，只好走到自殺的地步。恥感令人想出人頭地，同樣也令人陷入這種萬劫不復的癖好。

2. 善於自圓其説，莫損自我形象

恥感強的人經常呈現一種為自己開脱的本領。內在的自我要求、內在自我厭惡的聲音已教他們吃不消，他們又怎能面對人家的不滿？惟有盡力為自己辯解、為自己開脱，尋求別人的諒解。不認識他們的人，會被他們這種推卸責任的態度激怒，用盡方法迫令他們認錯，誰知愈逼迫，愈嚇怕他們，他們愈逃避責任，甚至惱羞成怒，引發他們的攻擊性，結果造成關係的張力。

3. 既想討好別人，又怕需要別人

恥感強的人自小都想討父母歡心，以為滿足了父母的期望，便會得到他們的喜悦。奈何怎樣做都不夠完美，內心經常活在被拒絕的恐懼中，怕被父母嫌棄，他們怎樣保護弱小的心靈？雖然他們十分需要關係和別人的認同，但他們卻自欺説，不用靠其他人也可以活下去。這種既需要別人，又不能坦白承認需要別人的矛盾，令恥感強的人很難完全投入一段關係，

怕完全投入帶來傷害，同時又怕被人遺棄。關係較疏的朋友還可以承受，一旦進入親密關係，挑戰就大了。伴侶又怎能承受這份矛盾？一方面需要你，但另一方面又不信任你，甚至試探伴侶；伴侶可能吃不消，導致貌合神離，又或分手收場，釀成悲劇。

4. 既然人間沒有無條件的愛，宇宙間同樣也沒有這種東西

究竟恥感強的人，他們的上帝觀、宇宙觀是怎樣的？既然他們覺得人間的愛護要靠努力贏取得來，上帝的愛又怎會例外？哪有無條件的接納和白白的恩典？這不過是道理上的知識，不是他們生活的體驗。恥感強的人靠行為得勝，要做個一百分的基督徒，以為這既可以義行自誇，又能博取上帝的歡心，暗地裏盼望獲得比其他人更多的祝福。由於他們相信多勞多得，自然渴望待遇公平公正。《聖經》中有關浪子的故事，講述小兒子散盡家財，回來後仍然獲得父親的歡心；相反大兒子克盡己職，反而得不到父親大排筵席的款待。既然恥感強的人靠行為取勝，認同的對象大多數是大兒子，因為大兒子擁有同樣的做人哲學，眼見人家做錯事還得到更多，自然心有不甘。但恥感強的人看不見大兒子的自以為是和小兒子能誠實面對自己的勇氣，他們只着眼人家虧欠自己多少，斤斤計較，卻享受不到人際關係的甘甜。正如大兒子般，長久以來已經與父親相處、得到父親的愛護，但仍與弟弟計較，難怪父親對他說：「兒啊！你常和我同在，我一切所有的都是你的。」(〈路加福音〉15：31)，看來大兒子真的不太享受與父親一起的甜蜜。

恥感強的人似乎表現出很多令人難以接受的行為，但想深一層，他們也是飽受恥感煎熬的受害者。若然恥感強的人要把自己釋放出來，必先要了解恥感的種類和特徵。

恥感極重的人最難按捺的，是一份自我厭惡感。這份感覺避無可避，內在的聲音無處不在。

5 健康的羞愧

羞愧是情緒的一種，情緒是上天賜予我們一份寶貴的禮物，它可以幫助我們求存，更好地適應生活。比方說恐懼，它的功能是幫助我們逃避危險；若沒有恐懼，我們就不能保護自身的安全。同樣羞愧也有它的健康功能，它幫助我們誠實面對自我，修正不當的行為，融入羣體中。

知恥近乎勇

中國人對羞愧感有很深的認識，我們的先祖認為「無羞惡之心，非人也」，只有人，才有羞愧；「知恥近乎勇」，知道羞愧，便是勇敢；人知恥，才可以明是非、知取捨。

在眾多受造物中，只有人會感到羞愧，顯明了我們與動物不同，具有尊貴和神聖的價值。只有人才意識到要保護自己的尊嚴，為它犧牲、為它奮鬥。最近我讀了南非前總統曼德拉的自傳，他自述怎樣為南非黑人的人權奮鬥，故事感人肺腑。原本曼德拉可以享有很多黑人的特權，但他不甘安逸，為解放南非黑人作出種種犧牲——離婚、坐牢、喪子，他失去原本享有的安舒生活，換來的是牢獄生涯，為了什麼？就是他意識到人神聖的尊嚴，不論白人、黑人、有色人種，都擁有這份上天賦予的尊嚴。人有尊嚴，才知羞愧，因此可以說，愧感、恥感是呈現人性尊嚴的情緒。

既然人擁有上天賦予的尊嚴，那麼我們也要活得有尊嚴，才不枉稱為「人」。在漫漫人生長路上，我們不住遇見試探，有些人為名利出賣人格、為權勢出賣道義、為成就忘恩負義等等。面對試探，人是多麼軟弱，要不是恥感帶來不安，人又怎知要面對自己、反省自己？

羞恥是你的護衛

我從事輔導多年，求助者除了為種種情緒及人際關係問題尋求協助外，不少是因為未能面對自己曾犯下的過錯而不安，他們既內疚，又羞愧。

曉晴起初是因為抑鬱而找輔導的，她曾經服藥、見臨牀心理專家，但仍飽受抑鬱煎熬。初時，她告訴輔導員令她不快的生活事情，輔導員細心聆聽，漸漸建立關係，曉晴信任輔導員對她的接納。有一次她把埋藏心底多年的祕密説出，説的時候低着頭，不敢正視輔導員雙眼，她一邊痛哭，一邊述説當年的故事。輔導員深深感受到她的慚愧，便用溫柔的聲音對她説：「你不能接受自己曾做過的事，就不能接受自己幽暗的一面。」曉晴點頭表示同意，輔導員跟着說：「人什麼時候蘇醒，什麼時候就是重生的機會。」後來曉晴向她曾傷害的人真誠致歉，心裏就像放下千斤重擔，抑鬱症不藥而愈。

曉晴一直逃避面對自己的本相，以為隨着時間流逝，她會把事情慢慢淡忘。幸好她內心的良知沒有罷休，多年來仍對她作出呼喚，令她的恥感不滅。她愈逃避，情緒愈困擾，最後更患上抑鬱症。當曉晴正視問題，誠實面對自己的本相，情況才改善過來。此後，曉晴不用自欺欺人地生活，不用掩飾她的幽暗面，這就是羞愧感對她起的正面作用。

人經常逃避羞愧帶來的不安，曉晴是個典型例子。其實人還有其他逃避恥感的方法，常見的是把自己弄得忙忙碌碌，索性不去思考、不去反省。

志峰便是這種人，為了成功，他曾在工作中做了很多違背良心的事，甚至出賣深交。他不斷往上爬，達到事業的高峰，一人之下、萬人之上。他日理萬機，連吃飯睡覺的時間也沒有，然而有一件事情是他想不通的，為何他經常發惡夢？雖然夢的內容時有不同，但總離不開向下墮、跌下深淵的主題。每次醒來他都驚魂不定，這些夢實在很困擾他，影響他的睡眠質素，不能好好休息，無法集中精神處理公務，他惟有尋求輔導，看看能否解開惡夢之謎。經過數次傾談，輔導員開始引導志峰正視他受良心譴責的事，起初志峰很抗拒，經常與輔導員辯論，企圖掩飾他的所作所為。他以為成就、忙碌可以抹殺他曾做過的錯事；奈何縱使他不去想、不去提，他的夢卻來提醒他。輔導員勸喻志峰不應責怪夢境帶給他煩惱；相反，要多謝它們從沒有放棄他、仍然呼喚他。後來志峰慢慢接受輔導員的引導，正視自己的行為，他感到十分痛苦、慚愧非常：「想不到我已變了另一個人，這不是我從前認識的自己。」他長歎一聲，眼泛淚光。

當人還剩下一點良知、還有一點誠實面對自己的勇氣，羞愧會為你帶來不安，無論是透過疾病、夢境，恥感都會提醒我們，敦促我們離開自義，學曉虛懷謙卑。

帶着恥感進發

羞愧也是令人前進的動力。雖然病態的羞愧有時會令人盲目追求成就，但健康的羞愧感不失為一股推動人向前進步的成長動力。小芬本來是個天資聰穎的小孩，可惜生性怠惰，自恃有幾分聰明，便無心向學。然而她的成績比好朋友寶玲優異，小芬與寶玲就如龜兔賽跑中的主角，小芬是兔，寶玲是龜。一次期考，小芬竟然失手，給寶玲迎頭趕上，所有老師對寶玲讚許有加，小芬只能躲在一旁，感到十分慚愧。回家後，小芬痛哭一場，從此，她立志不自恃聰明而怠惰，對所做的事情都痛下苦功。長大後，她成為出色的專業人士。

羞愧是我們的保衛師，當我們因感到羞愧而誠實面對自己時，它便提醒我們面對自己的幽暗面；誠實面對幽暗面而有所成長的人，便可以活得更好，活出人性的尊嚴。

當人還剩下一點良知、還有一點誠實面對自己的勇氣，羞愧會幫助我們真誠面對自我，修正不當的行為。

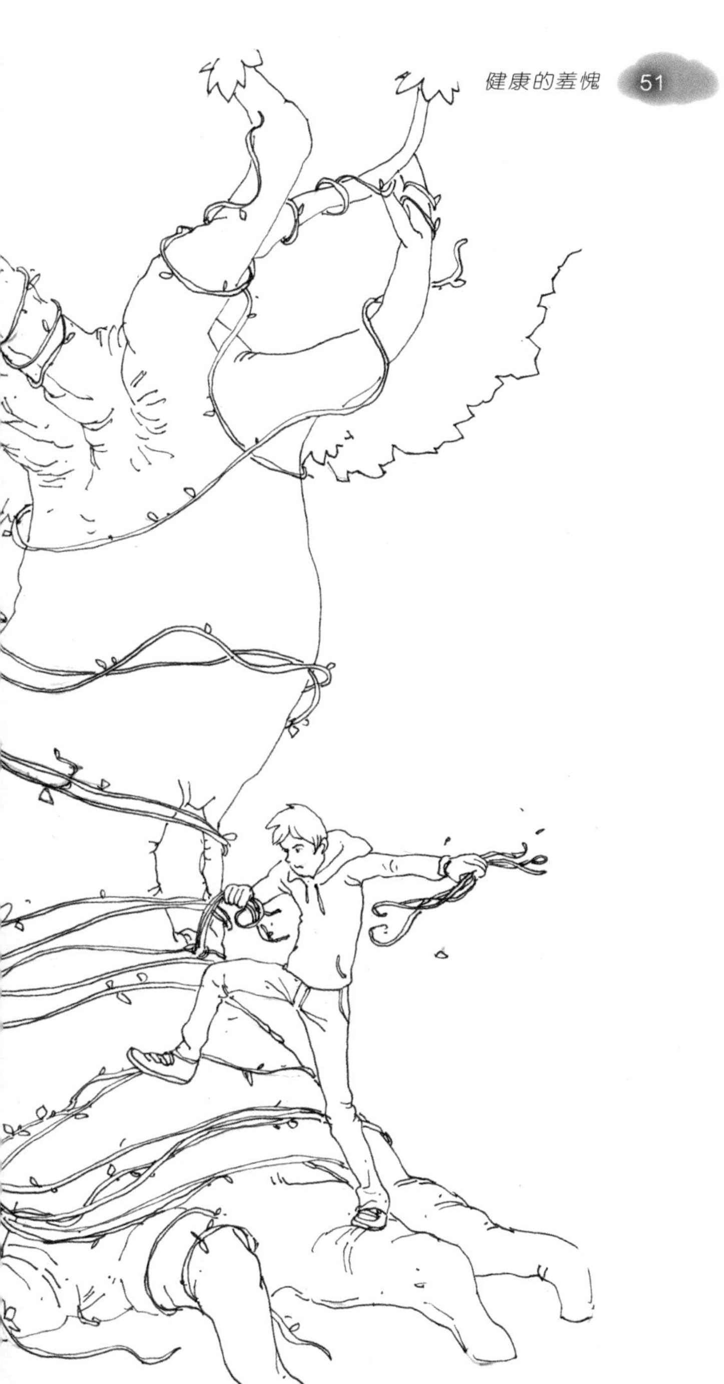

6 恥與疚

羞恥與內疚是兩個經常並排討論的情緒，因為它們有很多近似的地方，然而它們也有一些微妙的分別。

在第一章已經提過，從情緒的類別來看，羞恥與內疚同屬自我意識的情緒，人發展了自我意識，知道別人怎樣看自己，又懂得反省自己的行為，羞恥與內疚的感覺就隨之出現。心理學家艾力遜（Erik Erikson）認為，恥感是先於內疚發展出來的，當人意識自己暴露於人前而未作好準備時，恥感便會出現；內疚則是針對某一特殊行為出現的懊悔。由於恥感是對整個自我的懷疑與衝擊，內疚只是就着某一行為產生的不安，所以一般來說，恥感要比內疚產生更大煎熬。

健康的內疚

健康的羞愧令人勇於誠實面對自己，健康的內疚則會令人勇於改過自身，為錯誤作出補救。若一個人發現自己的不是，卻只沉溺在懊悔的情緒中，只知羞愧而沒有彌補過錯，對犯下的錯誤又有何益？因此，羞愧與內疚要同時存在，除了懊悔，也要以行動彌補自己的過失。

近二、三十年，心理輔導界興起一股探討「饒恕」的熱潮，這股熱潮的推動者，不乏基督徒的輔導員及心理學家，他們相信饒恕是基督教的核心思想，希望把它結合心理學知識，造福人羣。但當「饒恕」的課題在心理學界討論得沸沸揚揚之際，神學家開始提醒我們，討論「饒恕」的時候，不可忘記「懺悔」的重要：人做錯了事，除了尋求饒恕外，也要知罪悔罪，並有具體的悔改行動；否則，饒恕只變成一種廉價的恩典。

如何能做到「懺悔」？從情緒的角度看，知恥而歉疚是兩個關鍵的情緒。首先，一個人要誠實面對自己的幽暗面，然後反省行為有何具體的錯失，最後作出補償過失的行動。然而，與羞愧感一樣，內疚感也有健康與不健康兩種；或者從神學角度看，有真與假兩種。

病態內疚

美君自小在教會成長，是個非常善解人意的女孩。可惜她的家庭生活並不愉快，從小她的父母就貌合神離，後來父親在外結識了別的女子，母親的情緒大受打擊，患上抑鬱症。美君十分愛護她的媽媽，經常當她的聆聽者。漸漸地，母親把美君當作閨中密友，情緒上十分依賴美君，美君與母親的關係實在太緊密，母親的幸福與否、快樂與否都跟她有關。無論母親因什麼事情難過，美君都覺得是她的問題，她認為一定是她做得不足、做得不好。美君經常處於一種被內疚感煎熬的狀態，苦不堪言。後來不單母親患上抑鬱症，美君也難逃一劫。美君不但受內疚感折磨，還錯過了幾次談戀愛的機會。本來美君是個甚受男孩子歡迎的女孩，每當有男孩子追求美君，她的媽媽就會向美君表達她是何等孤單寂寞，美君帶着沉重的內疚赴男友的約會，結果男友吃不消，最後分手收場。

美君的內疚明顯是病態的，她背負着母親的生命，衍生無形的內疚；而母親也在不知不覺間過分依賴美君，不想她離開。內疚感令美君覺得自己虧負了母親，不住要為她做事，甚至賠上自己的情緒健康及組織家庭的機會。

怎樣區分健康的和不健康的內疚？如其他情緒一樣，健康的情緒幫助我們活得更好、更美，病態的情緒令人陷入一種不能自拔的深淵。健康的內疚是真理良知的聲音，病態的內疚是不問情由、是非不分的反應。健康的內疚帶來積極的建設性行動，不健康的內疚不過是為討好他人而做的扭曲性行為。

明辨內疚

無論是否有宗教信仰，每個人心底都有一把良知的聲音。除非喪盡天良，否則當我們做錯事的時候，都會受良知的責備，所以我們不能輕視良知的提醒。但話説回來，有些人動不動就受到良知責備，如美君的例子，怎辦？原來除了認識情緒外，我們也須要慎思明辨，懂得判斷是非。

小時候，我的爸爸曾向我訴説他在鄉間的故事。當共產黨執掌中國政權初期，他被評為「無產階級」。這個身分竟然為他帶來方便，成為某些政治組織的委員。但是共產黨早年的所作所為，爸爸實在看不過眼。有一回爸爸所屬村落的人民，要聚在一起批鬥資產階級，眼見批鬥殘忍無良，當時只是青年的父親不願參與。他撫心自問，實在過不了自己的良心，於是借故逃脫，不參與什麼「會議」、「批鬥」。由於爸爸不積極參與，結果被當權者評為有問題，是「落伍青年」，自然要接受懲罰，強迫接受思想教育。然而不論什麼制度上的改造，也不能扭曲他敏銳的良心，這種忠於自己良心而甘願受罰的情操，在今天怎不教我們敬佩！由於這段年輕時候的經歷，由小到大爸爸都教導我們要明辨是非，社會大多數認為對的不一定是好，我們必須有獨立思考的能力、敏銳的良知、慎思明辨的做人態度。

要明辨是非，適當的思維訓練是必須的。但近十數年來，不知何解，香港瀰漫一股反智情緒，軟性的東西大受歡迎，嚴肅的思考卻乏人問津，沒有清晰的思維結構，又怎分辨哪些是真理良知的呼喚，哪些是虛假內疚的煎熬？為了訓練我們的思維能力，必須多讀書、多反省、多看嚴肅課題的讀物。很多怠於思想的人，自己從不下苦工，只求一些簡單易明的思想原則，或依賴別人給予答案，便希望解決所有人生問題。但生命不容許我們這般疏懶，年紀愈長，要面對的問題愈多愈複雜，適當的思維訓練是無可避免的裝備。

7 不健康的羞愧

根據心理學家格弼（L. Greenberg）的研究，情緒主要分為四大類：

1. 健康的原情緒

健康的原情緒是針對某種特殊處境自然引發出來的感受，例如喪親令我們傷心、遇到不義的事情令我們憤怒、碰到危險令我們恐懼等等。情緒給予我們恰當的信息，讓我們作出合宜的反應，活得更適切。

2. 不健康的原情緒

不健康的原情緒是過去遺留下來的心理陰影，有如杯弓蛇影，曾被蛇咬，縱使眼前看見的只是一把弓，也會產生恐懼。

3. 表象情緒

表象情緒是用來包裹底層的原情緒，由於某種原情緒不獲得接納，故由另一種情緒，即表象情緒包裹。比方說，女性表達憤怒不會得到認同，尤其是上一代的傳統女性，她們透過傷心難過包裝自己的憤怒，藉哭聲表達不滿。在這種情況下，憤怒是原情緒，傷心難過是表象情緒。又例如，我心裏感到受傷，但眼前是個不可信的人，為怕被他再傷害，我以憤怒遮蓋自己受傷的情感；如此，憤怒成為表象情緒，包裹着受傷的原情緒。

4. 工具性情緒

工具性情緒是為達到某個目而表達出來的情

緒，例如我想索求別人的關注，便表達傷心，叫人可憐我；但當表達情緒的目的不能達到，我可以立即不再傷心，或轉換別的情緒來達到目的，譬如轉用憤怒來引發別人的關注。

四種羞愧

健康的羞愧感讓人誠實面對自己，修正不恰當的行為，防止衝動魯莽；不健康的羞愧令人懷疑自我價值，容易惱羞成怒。當羞愧成為表象情緒時，可能是包裹內心的憤怒、受傷或是恐懼，認為別人看不起自己，亦對別人的反應過於敏感。至於羞愧的工具性作用是用來製造內斂形象，讓人覺得自己多麼含蓄。除了第一種是健康的情緒外，其餘三種都不健康。然則，我們怎樣分辨健康與不健康的羞愧？以下數點可以參考：

1. 不健康的羞愧久久不能散去

一般來說，情緒是不會固定的，某一種刺激元素會引發一種或多種情緒，當刺激的元素不存在，情緒也隨之散去。例如，朋友遲到令我憤怒，但當朋友不再遲到，我也不再憤怒；看驚嚇電影令我恐懼，若我不再看驚嚇電影，恐懼亦會過去。

不健康的情緒剛好相反，縱使引發它的刺激元素消失，那些情緒也不能散去，有如夢魘般纏擾着。

婉芬小時家境十分清貧，衣着寒酸。有一次到朋友家中聚會，她的衣飾竟然成為討論和取笑的話題，婉芬感到莫大的恥辱，心中留下不能磨滅的烙印。長大後，婉芬已再沒有與昔日的朋友交往，但那羞辱的感覺依然存在，縱使現今認識的朋友不會再取笑婉芬，但她仍十分在意自己的衣着品味。為免婉芬誤解，朋友都投鼠忌器，從來不敢在她面前談論衣着。

昔日取笑婉芬的朋友已不存在，但那羞愧的感覺猶存，明顯地，婉芬的羞辱感是不健康的。

2. 不問情由的過激反應

健康的情緒是符合現實的，不健康的情緒卻脫離現實。若然一個人曾做有違良知的事情，他的羞愧感便是符合現實；若別人毫無羞辱的意圖，但聽的人卻不問情由地認定別人是侮辱自己，這便是不健康的情緒。記得有一次我在一個聚會中，興高采烈地與朋友談論一個有關家庭暴力的主題，當時剛好有一個人經過，突然不問情由地責備我們，我們帶着莫名其妙的感覺嘗試澄清，那人已經離開了。這種不問情由的過激反應是不健康情緒的特徵。

3. 羞愧感影響我們對自己的整體判斷

不錯，羞愧的感覺令我們覺得自己出了問題，但健康的羞愧帶領我們明確地看到自己哪方面出問題，由一個具體處境引發我們對自己的反省：比方說，我是否過於貪婪，向別人過分索取？我是否太自私，沒有顧及別人的處境？我是否太懦弱，沒有勇氣說出該說的話？但不健康的羞愧是對自己含混不清的整體攻擊，沒有焦點，無的放矢；結果造成自我厭惡，但又不知從何改變。

4. 把自己曾遭遇的痛苦轉嫁別人身上

未經醫治的心理創傷，往往造成別人的傷害。我曾接觸過不少童年時慘遭虐打的男士，長大後也成為施虐者；亦有些曾被第三者破壞家庭的婦女，離異後成為別人婚姻的第三者。似乎歷史不斷重演，痛苦如疫症蔓延開去。不健康的恥感也有類似特質，以前被羞辱，留下烙印，他朝對別人做出同樣傷害。我以前見過一位媽媽，小時候曾被母親肆意傷害，當她母親情緒不穩，就對她隨意打罵羞辱；痛苦的經歷令她曾對天發誓，他朝若為人母，必不可重蹈母親的覆轍。萬萬想不到，當她成為母親後，她對女兒的打罵和羞辱，更甚於其母。

醫治心靈創傷不可單靠意志，像這位母親，以為用意志發誓就可以當個好母親。其實醫治心靈創傷還有更多學問，且在本書容後再談。很多時人非但不能單靠意志醫治心靈創傷，而且無法面對自己竟變成傷害他人（甚至自己）的人，即使做出同樣惡行，也只會自圓其說，不敢正視自己的問題；然後又對別人做出類似傷害，結果悲劇一再延續。

8 面子大過天

其實個人的悲劇可以蔓延成家庭、民族文化的悲劇。中國人深明恥感的功能，同時又是恥感的受害者，從面子的問題可見一斑，面子實在令很多中國人吃不消。

中國人愛面子的程度簡直是世界聞名的。記得一次中國領導人出訪美國，兩國就排場問題發生爭執：排場不夠體統，領導人顏面何存？另一個例子，聽聞有些外國人到中國做事，都會閱讀一本名為《面子》的書，這本書把中國人愛面子的癖好描繪得淋漓盡致。

有一次我到上海烏鎮旅遊，午飯時與友人光顧入一間餐廳，招待員起初熱情款待，想帶我們到餐廳中間的一張桌子就坐。烏鎮的湖光山色實在太美，我想臨江而膳，眼望對岸另一間餐館正好有這樣的位子，於是向招待員致歉，説出我的心願，想不到招待員的臉色突變，非常憤怒。離開時，我問朋友，那招待員是否不滿我們沒給她生意？朋友笑説：「你真不了解中國人，招待員不是因我們沒給她生意生氣，而是因我們沒給她面子。她滿以為介紹了一個好座位給我們，怎料我們不領情，這就是沒給她面子，羞辱了她。」我從來沒想過中國人對面子的執著，竟然到了這個地步。

面子底下

為什麼中國人那麼愛面子？有一位加拿大學者在港提供輔導訓練時，分享他對移居加國華人的觀察，他說：「中國人什麼都要完美，完美的家庭、完美的孩子。」完美主義背後就是愛面子，愛面子的底層就是羞愧的情緒。對中國人來說，「面子」實在代表太多東西：別人對你的尊重、你的社會地位、你的權威和影響力，甚至是家族的光榮、祖先的成就。中國人的社會是羣性甚重的人際網絡，發生在一個人身上的事並不限於這個個體，更牽涉整個家庭、宗室、民族，是個多麼沉重的負擔。有了這種認識，才可以想像為什麼古時有誅十族這些荒誕的刑罰，一人做事九族當，羣性傾向之重，可想而知。

當這種羣性傾向走向極端，這份追求面子的心態趨向盲目，情況就變得恐怖：個人主見被扼殺，人權遭踐踏。在極權統治下，中國人變得奴性。最近我讀了兩本評論中國文化的書籍：蕭建生的《中國文明的反思》及鍾祖康的《來生不做中國人》，作者都是痛心中國人的奴隸個性使燦爛的中國文明落後於世。或許我們會為中國人在科技上的成就感到驕傲，但廿一世紀的中國文明又怎樣？我們的人權得到保障嗎？

我們可以暢所欲言、自由表達思想嗎？蕭建生認為當西方不斷朝自由、民主、人權的方向邁進時，中國卻向專權、愚民、暴政的方向退步，令人痛心疾首。為了方便管治，當權者首要是扼殺中國人獨立思考的能力，使他們成為不懂思想、不懂挑戰權威的順民、愚民。

我在前文討論過健康的恥感怎樣幫助我們誠實面對自己，但不健康的恥感卻帶來諸般弊病，尤其是利用恥感製造操控。不論在個人層面，還是民族層面都不容輕視。中國人對面子的追求已到了病態的地步：為了面子，不問情由地反應過敏，胡亂猜測別人的用意，造成人際關係不必要的張力；為了面子，事事追求完美，為的不是事情本身的內在價值，卻是別人的看法與評價；為了面子，扼殺獨立人格的發展，只求人民順從權威；為了面子，不斷發展操控的伎倆，扼殺個人自由，助長奴隸性格。這樣病態地追求面子，實在不宜讓它發展下去。

獨立思考

我看過一齣英國電影，內容講述一個家庭中的兩個女兒，大女兒違抗父命，嫁了一個在父親眼中無出色的男人，後來女兒的丈夫竟因遺產問題對妻子不利，女兒惟有帶着孩子再投靠父親。回到家中，女兒常常與父親的意見對立，有一次父親向他的妻子申訴，自責不懂教導女兒，妻子卻安慰丈夫說：「教導女兒有獨立思考不是你素來的心願嗎？今天她已經有思考的能力了。」父親頓然表達一種發自心底的滿足。

有一年我到英國讀書，有個深刻的體會。我修讀的其中一科，教授請我們先與他商討大綱。在香港接受教育多年，我已經習慣了先弄清楚老師的要求，然後儘量滿足他的期望。於是我帶着這種心態面見教授，豈料完全不是我想像中那樣，當我嘗試了解教授的期望時，他反過來不斷問我想做什麼課題。我頓時啞口無言，後來我敷衍他，隨便說了個題目，他竟非常認真為我提供一些參考書。不過半小時的交往，卻是我從來未經歷過的體會，竟然有人如此着重我的思想，尊重我的看法。那種感動，今日還記憶猶新。這個經歷讓我明白西方人對獨立思考的重視，他們想訓練學生成為一個懂得獨立思考的人，而不是滿足權威的期望。

但中國人的社會，獨立思考能力就沒有那麼重要；相反，滿足羣體的要求，做個有頭有面的人來得更有價值。這樣，你的親朋戚友都會為你感到光榮。記得當我大學畢業的時候，有好幾個同學的父母大排筵席，子女大學畢業令他們臉上貼金，故此必須大宴親朋，公告天下。當我與這些同學談心，知道他們根本不認同這種做法，奈何不想令父母失望，只好勉為其難，順應父母的期望。一次過大宴親朋還算小事，若父母因面子而迫令兒女做一些違背他們意願的工作就更悲哀。我已故的前夫便是個典型的例子。我的前夫自小聰敏過人，學業成績彪炳，中學會考獲六優一良的佳績。正因為他的學業成績如此驕人，父親對他的期望甚高，一直想他唸醫科，為家庭增光。其實以我前夫的成績，報讀醫科根本不成問題，但當社工卻是他由小到大的志願。在父親極力反對下，他修讀了社工系，父親非常憤怒，甚至拒絕資助他。他惟有動用多年儲下的零用錢，再加上兄姊們間中的資助完成學業。我記得當初認識他時，他每天只吃兩餐，後來知道他背後的故事，我對他真的敬佩萬分。

在華人社會長大，我們或多或少都受過不健康恥感的影響，究竟我們可以怎樣面對？如何經歷醫治？

造物者無條件的接納是醫治不健康恥感最根本、最有效的靈藥。

恩典太美麗

在眾多不健康的情緒中，恥感的醫治是相當困難的。因為恥感涉及人對自我的整體評價，當人根本地認為自己沒有價值，縱使有多大成就、有多少人愛護，都難以吸收；情況就如漏斗般，無論倒進多少東西，它都承載不了。

向自己發問

不認識自己的狀態，就不曉得自己需要醫治。若要醫治不健康的恥感，首先要知道自己已被恥感煎熬。我們可以問自己以下問題：我們是否十分介意人家的評價？是否經常在意自己的形象？是否經常懷疑別人不接納自己？是否為追求外在成就而不顧一切？是否不懂得享受勞碌得來的成果，得到一樣東西後，很快便渴望下一樣？是否不能面對自己做得不好的地方？有沒有完美主義的傾向？有沒有經常為自己的錯誤自圓其說？是否羞於把真我示人，怕別人不喜歡自己、看不起自己？這些問題不是要向別人交代，而是要誠實回答自己。其實我們是否被恥感煎熬，也不太難知道，但必須讓自己安靜下來，在沒有其他人在場時，接觸一下自己的內心世界便會知曉。

終極的醫治者

當意識到自己受恥感所困，便可以開展醫治的旅程。上帝無條件的接納是最根本、最有效的靈藥。上帝無條件的接納並不代表祂認同我們所有行為，而是祂清楚明白我們的本相，我們不再需要任何造作、任何討好，祂都是如此愛我。有些人要求證據證明上帝這份無條件的愛，但愈是要求證據的人，愈不能證實上帝愛他。愛不能透過證據證實出來，縱使是昭然若揭的事實，都可以被懷疑者找出不可信的證據。愛必須透過信心體會，才知曉它的存在。

坦白說，我經歷了很多事情才領悟到這個道理。我曾經是懷疑論者，沒有真憑實據，很難相信某些事情是真的。再加上受過一些馬克思思想的影響，年輕時我覺得宗教是人民的鴉片，是統治者用來控制人民的手段。直至生命經歷多次打擊，才漸漸體會宇宙間那股善的力量，後來才明白這股力量就是基督。由於我曾是懷疑論者，我很明白怎樣否定愛的存在，世界充滿瑕疵、充滿苦難，人生任何一件不如意事，都可以否定上帝的愛，但這又於我何益？難道要效法尼采宣告上帝已死，最終自己落得瘋癲收場？由懷疑到相信，只在一念之間，當我重拾孩子般單純的信任時，才發覺原來我早已被愛包圍，只是懷疑的眼睛令我看不見。我們不是靠什麼好行為得着恩典，也不是要臻於完美才獲得上帝接納。在恩典的蔭庇中，我們重新確立自我的價值，肯定生而為人的尊嚴。

我有兩位朋友，成長經歷都十分坎坷。她們的父母各有各的困難，自然不能好好履行父母的天職。兩位朋友可謂天生天養，幸好讀書成績不俗，總算學有所成，發展了個人專業。雖説生活無憂，但她們的心靈卻是傷痕纍纍，更一度患上情緒病，須靠藥物治療。她們都是基督徒，但多年來都只用頭腦認識耶穌，沒有很深的屬靈體驗。其實她們都認真尋求真道，主日學、查經班經常有她們的蹤影，但知識未能完全醫治她們的創傷，幸好上帝憐憫認真尋求的人，讓她們分別經歷了一次深刻的屬靈體會。其中一位在一棵大樹下，突然感到大樹對她無條件的接納，她是好是壞，是成功是失敗，都可以在大樹面前無愧，感到無比安慰。另一位偶然一次坐在海邊，輕柔的海風讓她感到宇宙的擁抱，感覺十分安詳，同時她亦感到自己是上帝寶貴的女兒。兩位朋友的經歷都是在大自然裏發生，大自然好像蘊含了一股由上帝而來的醫治力量。

恩上加恩

恩典早已存在，問題在於我們是否去支取。根據 L. Smedes 在 *Shame & Grace: Healing the Shame We don't Deserve* 一書的講法，大部分人經歷上帝恩典都有四個層次：

1. 經歷上帝饒恕的恩典，我們的罪過獲得寬恕；饒恕的恩典是不健康內疚的解藥。

2. 經歷上帝接納的恩典，我們與上帝、與真我結連，獲得接納、呵護、擁抱、肯定和愛；接納的恩典是不健康恥感的解藥。

3. 經歷上帝能力的恩典，我們獲得屬靈的力量，從沉重的愧感中釋放，讓我們輕省，邁向上帝本來創造的真我。

4. 存感激的心經歷上帝的恩典，我們感激上帝賜予生命，讚歎生命的奇妙，有時更因上帝的厚恩而雀躍萬分。

上帝的接納就是醫治不健康恥感的良方，惟有經歷「我就是我」的擁抱，人才可以不再害怕以真我示人，活出原先被創造時的本相。有了這份接納，我們才有勇氣面對自己的幽暗面，不須要再自圓其說替自己解圍，也不用以美麗的包裝掩飾自己的瑕疵。

10 情緒思想大變法

除了肯定恩典帶給我們醫治外，心理學也幫助我們轉化恥感造成的情緒思想困擾，其中 L. Greenberg 的情緒取向治療（Emotionally Focused Therapy）及 Peter Levine 的體感治療（Somatic Experiencing）都很有貢獻。

根據 Greenberg 的理論，若要轉化情緒和思想，第一步先要接觸情緒。接觸情緒不等同分析情緒，有很多人用腦袋分析在某種處境下應該有什麼感受，例如他們會說：「他侮辱了我，我想我是憤怒的。」這不是接觸情緒，而是用邏輯推論在受到侮辱的情況下，會出現憤怒的感覺。接觸情緒由身體經驗而來，例如當一個人感到驚慌，他的心跳會加快，甚至手腳會麻痹。若感到尷尬、羞愧，會面紅耳熱，胸口緊縮，血液好像往上流。因此當我們感覺有什麼情緒時，先由身體出發，讓它告訴我們。

接觸情緒的障礙是判斷情緒，不能讓它自然流露。比方說，當我們對父母產生憤怒時，感到很內疚：父母含辛茹苦養大我們，怎可以生他們的氣？判斷的思維令我們不敢真實面對自己的情緒。其實情緒不等同客觀事實，即使我們對父母產生憤怒，不等如他們不是好父母，情緒只不過是我們在某一特定時空下的反應，並不是真相的全部。最近我和四歲的侄兒乘坐他爸爸的座駕，侄兒拒絕扣上安全帶，爸爸向他解釋這會有危險，着令他扣上。但侄兒不明白，竟大哭大鬧，他爸爸仍要他服從。雖然侄兒最終就範，嘴裏卻不停說：「爸爸我嬲你。」

侄兒很生氣，但我的弟弟卻是個好父親，他着重孩子的安全，多於孩子對他的印象。

明顯地，情緒不等如我們對事情的分析，理性分析需要很多客觀資料和證據，但情緒只不過是由身體經驗而來的反應。正因如此，我們不可以只用情緒對事情下結論，這樣容易形成偏見。另外情緒不等同行動，情緒無分好壞，但行動卻有是非之分。例如，我可以對某人憤怒，並不代表我要報復。又例如我可以對某些工作感到厭煩，但不代表我會逃避責任。很多人誤以為有什麼感覺便可以為所欲為，妄顧是非與後果，實在非常危險。

接觸情緒讓我們了解自己真實的狀況，惟有如實知道自己的處境，才可以正確地走下一步。當我們接觸到自己的恥感時，有什麼身體反應？有沒有感到眼皮下垂、身體收縮、血壓上升、面龐赤熱、手腳冰冷？不論身體有什麼反應，用溫柔的態度如實地了解它，然後用語言、比喻描述它。透過描述，我們可以更清晰自己的狀況，免於沉溺在無邊無際的思想情緒裏。沉溺不是接觸，沉溺是脱離了此時此刻的經驗，思緒走到很遠很遠的地方，接觸情緒卻是此時此刻的身體經驗。或許有些時候，我們需要回憶一些具體的處境，才能經驗情緒，這無不當；但當情緒引發出來後，要把注意力放回身體上，隨時意識身體的變化和反應，不要迷失於過去的經歷。

隨着意識身體的反應，可能會出現一些思想和信念，這些想法是什麼？有些人會聽到一些譴責自己的聲音，罵自己是無用鬼、愚蠢、無出色。把這些想法記下來，看看它們從哪裏來：是否昔日父母經常責備的言語？是否某些重要人物的評價？若是感覺太難受，可以用一些慣常安慰自己的方法愛錫一下自己，又或是擁抱一下自己。通常留心呼吸會幫助我們安定心神，亦可以選擇將注意力放在周圍環境中令自己感到舒服的東西，注意它、凝望它，都會幫助我們回復安定。

意識了自己的情緒後，便要認同自己的感覺，有如安慰別人般安慰自己，可以對自己説：我真的感到很難過、我感到無地自容、實在難為了自己等等。不要心急解決問題，也不要心急消除那些負面的想法，欲速則不達，給予自己更多時間與自己相處。

尋找隱密情緒

除了羞愧的感覺，還有沒有其他感受？有時恐懼與羞愧會同時出現，我們害怕再接觸羞愧的情境，想控制羞愧的感覺，但又感到失控，失控的恐懼籠罩着我們。這情況下，你要嘗試不去控制羞愧的感受，用坦然的態度接觸羞愧，同時慢慢發現身體其他部位的感受。通常我們被某種感覺困擾時，注意力都會集中在困擾的感覺裏，其實還有其他不太明顯的感受同時存在，它們可能會蘊含醫治化解的力量。讓自己慢慢意識這些不明顯的感覺，比方說，當我們受到羞辱時，除了恥感、無地自容，很可能還有憤怒、傷心。憤怒是一種自我保護的情緒，蘊含力量；傷心是接納事實的情緒，承認一些不能改變的現實。接觸其他健康的情緒是化解不健康情緒的竅門。我看過一本 Peter Levine 的著作，名為 *Waking the Tiger: Healing Trauma*，作者本來是動物學家，曾對動物作出深入細緻的觀察。他發現動物在大自然經常面臨和經歷被獵殺的危險，但牠們逃離危險後，很快便從恐懼和創傷中康復過來，不像人類受過去經驗所困。換言之，無論動物經歷多大創傷，它們都有一種自我療愈的本能，藏於身體。其實人也是動物的一員，都一樣擁有這種自我療愈的能力，不過人的理性思維障礙了它。Peter Levine 的治療途徑，就是幫助人從身體裏發掘自我療愈的方法，從身體的經驗接觸情緒是其中一種方法。

接觸到原本不太明顯的感受後，有什麼新的體會和經驗？很可能我們開始意識到一些核心的心靈需要，例如需要某人接納、需要安全感、需要哀悼某樣東西的失去等等，能夠承認自己核心的心靈需要會帶來一定程度的釋放。最近有一位朋友，她長期被不健康的羞愧困擾，但經歷如實地接觸不同的情緒體驗後，她發現自己的核心需要是自我接納，這是她一直都忽略了的心靈呼聲。有很多人誤解，以為知道需要後，便一定要滿足它，其實未必如是。這裏所提的心靈需要，是指過去的遺憾，過去所失的，不一定可以補償；反之，當一個人盲目尋求補償，可能是他未能如實接觸自己的內在實況，逃避某種痛苦。有一位女士，小時候曾遭媽媽虐打，童年坎坷的經歷使她耿耿於懷，長大後不幸患上情緒病。她多年尋覓，硬要補償所失去的母愛，但現實總是令她失望，心裏懷有強烈的忿恨和苦毒，飽受煎熬。這位女士，便是未能如實接觸自己的內在情況，強烈的憤怒令她心有不甘，不住尋求補償。她沒有坦然接觸自己的痛苦，承認失去了母愛，接納這個不能改變的遺憾。相反，她不甘心，她要補償，她誓要取回公道，結果自陷網羅。

承認需要

發現了自己的核心心靈需要，重點是承認，不是補償。當承認了，會較能抽離地面對傷害自己的人，與及那些傷害自己的言語。傷害者所説的話是他在某個時空、某種狀態下的表達，例如當時他剛失業，失去了自信，就説了一些傷害我、侮辱我的話，我不是他所説的那樣。經歷了上述如實接觸情緒的過程，又承認了那些過去未能得到滿足的心靈需要後，再回憶曾被傷害的情境，很可能會出現一些對自己更公道、更正面的新看法。或許這些新看法從前也出現過，亦有別人提醒過，但分別在於以前需要不斷説服自己相信，若然經歷過一個接觸情緒的歷程，這些新想法就會成為自己信念的一部分，我們會更確信。

11 活在人羣中

從不健康的恥感釋放出來，我們必須回到人羣中去。有沒有弄錯？人羣是製造病態恥感的地方，為何要自投羅網？若不是經歷人羣中的嘲諷、侮辱、愚弄，我們就不會有不健康的恥感，幹嗎又要回到人羣中？這是否自討苦吃？說俗一點，豈不是「犯賤」嗎？

我聽過很多在人羣中受傷的人，都有一種想遠離塵世的願望，雖不至隱居沙漠，但會幻想自己遠走高飛，有的想像到外國流浪、讀書，有多遠就逃多遠。其實曾經在外國留學的人都知道，異邦的生活不是想像中浪漫，有很多人抵受不了寂寞與孤單，經常思鄉，嚴重的更患上抑鬱症，那種舉目無親的滋味並不好過。話雖如此，被人羣所傷，自然想離開人羣。正如早期心理分析學派所推崇的哲學，很多尋求心理分析的病人都曾被父母所傷，既然父母是傷害的源頭，那麼就讓病人在一個沒有父母影響的場所中進行治療；所以早期的心理分析治療師會隔絕病者父母的參與。由此可見，離開受傷的源頭是個十分合乎邏輯的做法。

重回案發現場

我的外祖父是個醫術高明的中醫師，尤擅長醫治被毒蛇所傷的病症。小時候他曾告訴我，醫治被蛇所傷的病人，必須知道他在何處受傷，因為醫治的解藥就在毒蛇出沒的周圍。祖父的教導讓我明白，受傷和醫治有時原來是在同一處地方，多麼弔詭的思維。

為什麼我們會被人羣所傷？因為人羣對我們重要。雖然我們間中需要避靜與退修，但人不能遠離人羣生活，長久獨自隱居會帶來嚴重的精神問題。一位年輕人曾分享説，他在中一時成績欠佳，結果留班，他十分羞於自己的成績，便把自己收藏起來。幸好後來他決心不再理會別人的看法，讓自己融入人羣中，建立友誼，才脱離自我封閉的枷鎖，若不是他決心融入人羣，他都不知會變成怎麼樣。

心理治療的哲學後來出現了變化，由隔絕父母參與到整個家庭參與其中，這便是家庭治療。雖然家庭是令很多人受傷的地方，但家庭治療的哲學，就是想把家庭由傷害的場所轉變為醫治的場所，這也是一種弔詭的思維。我個人較認同這種哲學，從我多年的實務經驗觀察，人以為離開了傷害的源頭就會康復、就會自由，但往往未必這樣，明顯的例子是一些婚姻出現問題的個案，當事人感到在婚姻中很痛苦，幾經掙扎，終於離開了婚姻。但離開後，不是想像中輕鬆快樂，反而比以前更痛苦，一項由 Knox & Corte 於 2007 年發表的研究報告指出，很多經歷過離異的夫妻都勸喻那些正打算分離的夫婦三思，甚至認真考慮復和。他們當中超過三分之二的人都強烈建議夫婦在離異前有一段冷靜期，不可輕舉妄動。作為過來人，他們經歷過離異的傷痛，原本以為離開了傷痛之地就海闊天空，豈料離異的結果卻不比從前快樂。

在跌倒處起來

「人在什麼地方跌倒，就在什麼地方爬起來。」似乎是一個相當有智慧的說法。我們在人羣中受傷，就回到人羣中尋獲醫治。這裏其實有兩個方面：

1. 我們不健康的恥感，很多時是別人加諸我們身上，嘗試用一種抽離的態度回顧事件可能會有幫助。當我們受到羞辱和奚落時，一時間不懂得應付，便接收了羞辱的內容，相信了奚落者的信息；例如對方恥笑我無用，我把這句說話接收了，亦認同這種講法，於是恥感由此而生。過分認同恥笑自己的內容，自尊便大受打擊，不敢抬起頭做人。當我們嘗試抽離回顧整件事，可能會發現奚落者本身的問題：或許他也是個充滿恥感的人，他把自己曾經歷的痛苦轉嫁別人身上；又或者他透過羞辱別人來達到操控的目的。愈能抽離看整件事，愈有能力拒絕羞辱的影響。

2. 重新經歷人羣中的接納。其實人羣中存在不同氣質、不同個性的人，我們是否容許自己接觸不同類型的人，享受當中的滋潤？多年前我曾在外地有段十分困難的關係，我嘗試努力解決當中的問題，奈何關係已陷入一種雙方都無法自拔的狀態。有一次，我獨自一人走開，到了一個廣場，突然間有一種海闊天空的感覺，迎面而來的人都一臉親切可人的笑容，令我暖在心頭。當我開放自己接受其他關係的滋潤時，我更懂得處理那段充滿張力的關係，至少我不太受對方的説話影響。有時候，我們太受某些問題所困，縱使有其他溫暖人心的關係也不懂得享受。我認識一位女士，她經常被丈夫羞辱，但不懂得反抗，無論丈夫怎樣傷害她，她都無法保護自己，終日以淚洗臉。其實她周遭都布滿愛她的人，可惜她拒絕接收這些人給予的關懷和愛護，她惟一想得到的只是丈夫的尊重，不過事如願違，不論她做些什麼，丈夫都依然故我。這位女士十分傷心難過，不時質問上蒼為何待她如此不公，知道她處境的人都為她着急。她的心好像盲了，所有人看見的東西她卻看不見。

我曾經讀過一首詩，已忘記了大部分的內容，但有一句話頗深刻，詩人走遍天涯尋找上帝，最後在小孩子的眼中看見上帝。不錯，我們以為要上天下地尋找別人對自己的愛護、尊重和接納，原來這些已經在我們周遭出現，孩子天真無邪的笑聲、一個陌生人善意的笑容、一個沒有期待但偶然出現的幫忙，豈不是滋潤人心的靈丹妙藥，能醫治我們的心靈創傷嗎？

當我們經過這些滋潤，得到醫治後，他朝也可以成為別人的天使；傷害可以蔓延，同樣，醫治和愛也可以蔓延，惟有愛才可以終止悲劇。

12 我是誰

要克服恥感帶給我們的箝制，要緊是我們知道自己是誰。恥感是關乎自我價值受到否定和懷疑，因此當我們清晰自己是誰，清楚自己的本性，甚至知曉自己的人生目標，我們就更能免受不健康恥感的煎熬。

在成長階段，我們對自我的認識，很大程度上受別人的評價影響：別人看我是可信嗎？有用嗎？聰明嗎？別人對我們的印象，影響我們的自我認識與評價。有一次我到親戚家中用膳，眾所周知，香港的居住面積狹小，家中未必有固定的餐桌和椅子，用餐時，大夥兒搬枱移凳，孩子們也樂此不疲地協助。當中一個三、四歲的小弟弟，眼見哥哥靈巧地搬動椅子，自己無份參與，便趨前爭奪；其他人見狀，立即喝止，亦斥責他頑皮，小弟弟受到針對，便大聲號哭。於是我問小弟弟：「你是不是想幫哥哥的忙？」他點頭，跟着我說：「那麼你把手放在椅子上，這就是幫忙了。」他頓然咧嘴而笑，高高興興地「幫忙」搬椅子。

從誤解到了解

這個孩子起初的動機遭到誤解，別人看他是頑皮，要與哥哥爭奪。若沒有人了解他，繼續視他為頑皮、好爭，他又無法解釋，他會怎樣看自己？我可以想像，最後很大可能連他自己也採納別人的看法，覺得自己是頑皮、好爭的孩子，形成負面的自我形象。以前我當學校社工時，看到很多年輕人的自我形象都十分負面，他們看自己是無用、意志力薄弱、懶惰等等。既然人人都這樣看他們，他們也這樣看自己，行為亦隨之配合他們的自我觀感，如是者，加強了別人對他們的負面看法。這樣的惡性循環屢見不鮮，或許起初是源於某種誤解，但慢慢地連當事人也無法清楚知道自己是怎樣，將別人對自己的看法作為自我認識。

幾年前我在大學任教，有一堂課講解抑鬱症。下課後，一位同學趨前與我分享，她告訴我，她曾經患上抑鬱症，當時她看醫生服藥、見心理專家，久而久之，她認定自己是抑鬱症病人。有些時候，她感覺情緒並不是低落，但猛然醒起自己是個抑鬱症病人，內心好像有把聲音叫自己不可以快樂；若然快樂，自己就不是抑鬱症病人。幸好經過一段日子，她不想再困於抑鬱症的標籤內，決心擺脱這個自我形象，她告訴自己是個快樂的人，可以快樂、可以歡笑。她為自己塑造新的自我形象，很快她就停止服藥，完全康復過來。

一個人的自我形象深深影響他的思想和行為，恥感強烈的人，內心深處總覺得自己沒有價值，別人不會喜歡真實的自己，因此透過包裝、透過美麗的形象吸引別人，活在虛假中。其實負面的自我評價很大程度是由環境、別人的誤解和模糊的自我認識製造出來，上帝按祂的形象創造我們，甚至連我們的頭髮也數算過，我們是多麼神聖、多麼珍貴，故此我們的價值可有低賤之理？有了這樣的確立，我們才可以進入自我認識的旅途中。在此我必須強調，很多人的自我認識並沒有先確定自我價值，且帶有濃烈評價自我的味道，這樣的自我認識會令人陷入無止境的自責和羞慚中，覺得自己一文不值；又或是自我欺騙、不住為自己的行為解說。先確定自我價值，才能更坦然誠實地自我認識。

請你安靜

要自我認識，安靜反思自己的時間和空間在所難免，現代人生活忙碌，缺乏專注，不明白安靜反省的重要，結果縱使完成了很多工作，也感到迷失，缺乏意義。反省是誠實了解自己在某些事情的感受和動機，有了這份認識，便可以了解自己的個性與氣質、才幹與恩賜。很多人急不及待想了解自己的能力，尋找發揮的空間，但對自己的內在動機卻盲目非常，這是十分危險的。環顧四周，很多有才華、有成就的人，懷着自私自利的動機，但竟大言不慚地自詡為社會服務，沒有誠實的自我反省，便容易自欺欺人。

除了反省，適當的讀物也是必須的。以前的人讀書是為了明事理、學做人；今天的人讀書，是為了增進專業技能，強化謀生工具。這也難怪，知識型的社會講求工具性知識，沒有專業技能，連生存也成問題。但自我認識是心靈的事情，不是專業技能、謀生工具。透過恰當的讀物，讓我們吸收前人的做人智慧，成為我們尋求自我認識旅途上的一盞明燈。況且，書本給予我們很多恰當的詞彙明白自己的經驗，沒有詞彙，我們連怎樣形容自己的內在經驗也不知道。

對自己有清晰的了解，才慢慢發現內心深處的渴求，這些最深切的渴望，便是我們召命的基礎所在。我曾經學習聖依納爵的靈修方法，當中提到了解我們最深切的渴望。起初我誤以為這是期望、需要，但後來我逐漸明白，人最深切的渴望奠定了他一生無悔的追求，有了渴望，才知曉自己的人生方向；否則，只是人云亦云，頻撲一生不知為何。然而認識內心最深切的渴望，不是一夜之間突然發生的事，乃是長時間自我反省、自我認識的結果。有很多人根本缺乏自我認識的耐性，期望參加一、兩個靜修營、參與數個尋找理想的課程，便可以一蹴即就，但往往無功而還。

尋找呼召

認識了內心最深切的渴望，然後感受世界的需要，這便是呼召。在高登·史密思著的《呼召與勇氣》一書內説：「我們對自己的召命的認知，與我們用什麼獨特的看法理解世界上一切的痛苦與破碎，有某個程度的關聯，因為每個人都會透過自己的雙眼和心思，來看待世界上的破碎與問題。一個人之所以錯失自己的召命，往往因為根據別人的期待來建構自己對世界需要的認知。」（頁 47）對自己的真實認識，是了解呼召的重要基礎。

當人知道自己是誰，了解自己的召命，知曉自己為何而生、為何而活，不健康的恥感便不能困住我們。最後我用一個例子來結束本書，我有一名學生，她告訴我，她完成了一項工作，效果不如理想，別人的評價也令她難堪。起初她羞愧非常，感到後悔，不斷追究自己、責難自己。後來她安靜反省，撫心自問，已在整項工作中盡了全力，有很多事情是起初預計不到的。肯定自己已盡了力後，驟然感到釋懷，羞愧的感覺也隨之而消散。為何這位學生能擺脱羞愧的纏繞？關鍵在於她清晰了解自己的動機，於是便問心無愧。

人最深切的渴望奠定他一生無悔的追求，有了渴望，才知曉自己的人生方向。認識渴望是長時間自我反省、自我認識的結果。

附錄 1

認識你的羞愧

以下是一些反省問題，幫助你了解不健康恥感的由來和嘗試去跨越它：

1. 你想起什麼事情，會令你有種想把自己藏起來的感覺？
2. 你內心的感覺怎樣？除了羞愧，有沒有傷心、難過、憤怒？先不要評價自己，只體諒內心的傷痛。
3. 在感受慢慢平復過來後，反省那件事如何影響你對自己的看法和評價？
4. 然後再問，這些令你難堪的評價是誰人的看法？
5. 這些評價的標準又是什麼？例如成功是衡量人的標準，而你認為自己是失敗，所以感到羞愧；然則這種標準合乎真理嗎？上帝是這樣衡量人的價值嗎？

6. 那個曾羞辱你的人當時處於怎樣的情緒狀態？他也是給上述不合乎真理的標準所困嗎？
7. 假想那個人坐在你面前，嘗試與他對質，告訴他你不認同他衡量人的標準，亦向他表達他如何傷害你。
8. 用肯定的話，告訴那個曾傷害你的人，沒有人可以剝奪你的尊嚴。
9. 經過對質後，你對自己有沒有新的看法？例如，雖然我在某些事情上做得不如理想，甚至令某些人失望，但我已盡力而為，我也是個負責任的人。又或是坦白承認自己力有不逮，在那些方面須努力再下功夫，當自己能做到這點，自己也算是個努力不懈的人。
10. 最後，看看你能否給予那個人憐憫，因為他也是受困的人。

附錄 2

不健康恥感急救站

以下是一些日常生活的提醒，可以幫助你面對不健康的恥感：

1. 每天臨睡前，回憶及回味幾件事情或經歷，叫你感到自己是可愛的。
2. 在你的成長經歷裏，誰人曾十分珍惜你？回想他 / 她，若他 / 她今天在你身邊，他 / 她會希望你怎樣看自己？做個怎樣的人？
3. 無論你是什麼人，都要肯定自己是上帝所造的，祂賦予你尊嚴和價值，無人可奪。
4. 深信你的生命有上帝獨特的計劃和使命，雖然你暫時未必知道，但你的責任是尋覓它、發現它。

參考書目

Greenberg, L. S. (2002). *Emotion-focused Therapy: Coaching Clients to Work Through Their Feelings.* Washington, D C: American Psychological Association.

Kitayama, S., Markus, H. R., & Matsumoto, H. (1995). Culture, self, and emotion: A cultural perspective on "self-conscious" emotions. In J. P. Tangney & K. W. Fischer (Eds.), *Self-conscious Emotions: The Psychology of Shame, Guilt, Embarrassment, and Pride* (pp. 439-464). New York & London: The Guilford Press.

Knox, D., & Corte, U. (2007). Work it out / see a counselor: Advice from spouses in the separation process. *Journal of Divorce and Remarriage,* 48(1/2), 79-90.

Lewis, M. (1993). Self-conscious emotions: Embarrassment, pride, shame, and guilt. In M. Lewis & J. M. Haviland(Eds.), *Handbook of Emotions* (pp. 353-364). New York: The Guilford Press.

Olwen, B., & Hwang, K. K. (2003). Guilt and shame in Chinese culture: A cross-cultural framework from the perspective of morality and identity. *Journal for the Theory of Social Behaviour, 33* (2), 127-144.

Smedes, L. B. (1993). *Shame & Grace: Healing the Shame We Don't Deserve.* New York: HarperOne.

Tournier, P. (1962). *Guilt and Grace.* U.S.A.: Hodder & Stoughton.

Wallbott, H. G., & Scherer, K. R.(1995). Cultural determinants in experiencing shame and guilt. In J. P.

Tangney & K. W. Fischer (Eds.), *Self-conscious Emotions: The Psychology of Shame, Guilt, Embarrassment, and Pride* (pp. 465-487). New York & London: The Guilford Press.

Whitehead, E. E., & Whitehead, J. D. (2003). *Shadows of the Heart: A Spirituality of the Painful Emotions.* Lincoln, NE: An Authors Guild Backinprint.com Edition.

李兆康、區祥江（2002）:《情緒有益》（第2版）。香港：突破出版社。

高登・史密思著、劉思潔譯（2004）:《呼召與勇氣》。台北：雅歌出版社。

黃麗彰（2009）:《情緒傷害的醫治》。香港：突破出版社。